Der Verrückte

: Seine Gleichnisse und Gedichte

Kahlil Gibran

Writat

Diese Ausgabe erschien im Jahr 2023

ISBN: 9789358811506

Herausgegeben von
Writat
E-Mail: info@writat.com

Nach unseren Informationen ist dieses Buch gemeinfrei.
Dieses Buch ist eine Reproduktion eines wichtigen historischen Werkes. Alpha
Editions verwendet die beste Technologie, um historische Werke in der gleichen
Weise zu reproduzieren, wie sie erstmals veröffentlicht wurden, um ihre
ursprüngliche Natur zu bewahren. Alle sichtbaren Markierungen oder Zahlen
wurden absichtlich belassen, um ihre wahre Form zu bewahren.

Der Verrückte
: Seine Gleichnisse und Gedichte

Von Kahlil Gibran

Sie fragen mich, wie ich zum Verrückten geworden bin. Es geschah so: Eines Tages, lange bevor viele Götter geboren wurden, erwachte ich aus einem tiefen Schlaf und stellte fest, dass alle meine Masken gestohlen waren – die sieben Masken, die ich in sieben Leben angefertigt und getragen hatte – ich rannte maskenlos durch die überfüllten Straßen und brüllte , „Diebe, Diebe, die verfluchten Diebe."

Männer und Frauen lachten mich aus und einige rannten aus Angst vor mir in ihre Häuser.

Und als ich den Marktplatz erreichte, rief ein junger Mann, der auf dem Dach eines Hauses stand: „Er ist ein Verrückter." Ich schaute auf, um ihn zu sehen; Die Sonne küsste zum ersten Mal mein eigenes nacktes Gesicht. Zum ersten Mal küsste die Sonne mein eigenes nacktes Gesicht und meine Seele entbrannte vor Liebe zur Sonne, und ich wollte meine Masken nicht mehr. Und wie in Trance rief ich: „Gesegnet, gesegnet sind die Diebe, die meine Masken gestohlen haben."

So wurde ich ein Verrückter.

Und ich habe in meinem Wahnsinn sowohl Freiheit als auch Sicherheit gefunden; die Freiheit der Einsamkeit und die Sicherheit davor, verstanden zu werden, denn wer uns versteht, versklavt etwas in uns.

Aber lassen Sie mich nicht zu stolz auf meine Sicherheit sein. Sogar ein Dieb im Gefängnis ist vor einem anderen Dieb sicher.

Gott

In den alten Tagen, als die ersten Worte über meine Lippen kamen, bestieg ich den heiligen Berg und sprach zu Gott und sagte: „Meister, ich bin dein Sklave." Dein verborgener Wille ist mein Gesetz und ich werde dir für immer gehorchen."

Aber Gott gab keine Antwort und wie ein gewaltiger Sturm zog es vorbei.

Und nach tausend Jahren bestieg ich den heiligen Berg und sprach erneut zu Gott und sagte: „Schöpfer, ich bin deine Schöpfung." Aus Ton hast du mich geformt und dir verdanke ich alles, was ich habe."

Und Gott gab keine Antwort, sondern verging wie tausend schnelle Flügel.

Und nach tausend Jahren bestieg ich den heiligen Berg und redete erneut zu Gott und sagte: „Vater, ich bin dein Sohn. In Mitleid und Liebe hast du mich geboren, und durch Liebe und Anbetung werde ich dein Königreich erben."

Und Gott gab keine Antwort, und wie der Nebel, der die fernen Hügel verhüllt, verstarb er.

Und nach tausend Jahren bestieg ich den heiligen Berg und sprach erneut zu Gott und sagte: „Mein Gott, mein Ziel und meine Erfüllung; Ich bin dein Gestern und du bist mein Morgen. Ich bin deine Wurzel in der Erde und du bist meine Blume am Himmel, und gemeinsam wachsen wir vor dem Angesicht der Sonne."

Dann beugte sich Gott über mich und flüsterte in meine Ohren süße Worte, und wie das Meer, das einen Bach umhüllt , der zu ihr hinabfließt , umhüllte er mich.

Und als ich in die Täler und Ebenen hinabstieg, war Gott auch dort.

Mein Freund

Mein Freund, ich bin nicht das, was ich scheine. Der Schein ist nur ein Kleidungsstück, das ich trage – ein sorgfältig gewebtes Kleidungsstück, das mich vor deinen Fragen und dich vor meiner Nachlässigkeit schützt.

für immer bleiben , unmerklich, unnahbar.

Ich möchte nicht, dass du an das glaubst, was ich sage, noch vertraue auf das, was ich tue – denn meine Worte sind nichts anderes als deine eigenen Gedanken in der Vernunft und meine Taten deine eigenen Hoffnungen in der Tat.

Wenn du sagst: „Der Wind weht nach Osten", sage ich: „Ja, er weht nach Osten." ; denn ich möchte nicht, dass du weißt, dass meine Gedanken nicht beim Wind, sondern beim Meer hängen.

Du kannst meine seefahrenden Gedanken nicht verstehen, und ich möchte auch nicht, dass du es verstehst. Ich wäre alleine auf See.

Wenn es bei dir Tag ist, mein Freund, ist es bei mir Nacht; Doch selbst dann spreche ich von der Mittagszeit, die auf den Hügeln tanzt, und vom purpurnen Schatten, der sich seinen Weg über das Tal bahnt; denn du kannst die Lieder meiner Dunkelheit nicht hören und meine Flügel nicht gegen die

Sterne schlagen sehen – und ich möchte nicht, dass du es hörst oder siehst. Ich würde mit der Nacht allein sein.

Wenn du in deinen Himmel aufsteigst , steige ich in meine Hölle hinab – selbst dann rufst du mir über die unüberbrückbare Kluft hinweg zu: „Mein Kamerad, mein Kamerad", und ich rufe zu dir zurück: „Mein Kamerad, mein Kamerad" – denn ich würde es nicht tun Lass dich meine Hölle sehen. Die Flamme würde dein Augenlicht verbrennen und der Rauch würde deine Nasenlöcher verstopfen. Und ich liebe meine Hölle zu sehr, als dass du sie besuchen könntest. Ich wäre allein in der Hölle.

Du liebst Wahrheit, Schönheit und Gerechtigkeit; und um deinetwillen sage ich, dass es gut und angemessen ist, diese Dinge zu lieben. Aber in meinem Herzen lache ich über deine Liebe. Dennoch möchte ich nicht, dass du mein Lachen siehst. Ich würde alleine lachen.

Mein Freund, du bist gut und vorsichtig und weise; nein, du bist vollkommen – und auch ich spreche weise und vorsichtig mit dir. Und doch bin ich wütend. Aber ich maskiere meinen Wahnsinn. Alleine wäre ich verrückt.

Mein Freund, du bist nicht mein Freund, aber wie soll ich es dir klar machen? Mein Weg ist nicht dein Weg, doch gemeinsam gehen wir Hand in Hand.

Die Vogelscheuche

Einmal sagte ich zu einer Vogelscheuche: „Du musst es leid sein, auf diesem einsamen Feld zu stehen."

Und er sagte: „Die Freude, Angst zu machen, ist tief und dauerhaft, und ich werde nie müde davon."

Nachdem ich eine Minute nachgedacht hatte, sagte ich: „Es ist wahr; denn auch ich habe diese Freude gekannt."

Er sagte: „Nur wer mit Stroh vollgestopft ist, kann es wissen."

Dann verließ ich ihn, ohne zu wissen, ob er mir ein Kompliment gemacht oder mich herabgesetzt hatte.

Es verging ein Jahr, in dem die Vogelscheuche Philosophin wurde.

wieder an ihm vorbeikam, sah ich zwei Krähen, die unter seinem Hut ein Nest bauten.

Die Schlafwandler

In der Stadt, in der ich geboren wurde, lebten eine Frau und ihre Tochter, die im Schlaf umhergingen.

Eines Nachts, während Stille die Welt umhüllte, trafen sich die Frau und ihre Tochter, wandelnd und doch schlafend, in ihrem nebelverhüllten Garten.

Und die Mutter sprach und sagte: „Endlich, endlich, mein Feind! Du, durch den meine Jugend zerstört wurde – der du dein Leben auf den Ruinen meines aufgebaut hast! Könnte ich dich töten!"

Und die Tochter sprach und sagte: „O hasserfüllte Frau, selbstsüchtig und alt! Wer steht zwischen meinem freieren Selbst und mir! Wer möchte, dass mein Leben ein Echo deines eigenen verblassten Lebens ist! Wärst du tot !"

In diesem Moment erwachten eine Schwanzcrew und beide Frauen. Die Mutter sagte sanft: „Bist du das, Liebling?" Und die Tochter antwortete sanft: „Ja, Liebling."

Der weise Hund

Eines Tages kam ein kluger Hund an einer Gruppe Katzen vorbei.

Und als er näher kam und sah, dass sie sehr darauf bedacht waren und nicht auf ihn hörten, blieb er stehen.

Dann erhob sich mitten in der Gesellschaft eine große, ernste Katze, blickte sie an und sagte: „Brüder, bittet! und wenn ihr immer wieder gebetet habt, ohne zu zweifeln, dann wird es wahrlich Mäuse regnen."

Und als der Hund das hörte, lachte er in seinem Herzen und wandte sich von ihnen ab und sagte: „O blinde und törichte Katzen, steht nicht geschrieben und habe ich und meine Väter vor mir nicht gewusst, was zum Gebet, zum Glauben und zum Flehen regnet . " sind keine Mäuse, sondern Knochen."

Die zwei Einsiedler

Auf einem einsamen Berg lebten zwei Einsiedler, die Gott anbeteten und einander liebten.

Nun hatten diese beiden Einsiedler eine irdene Schale, und dies war ihr einziger Besitz.

Eines Tages drang ein böser Geist in das Herz des älteren Einsiedlers ein und er kam zum jüngeren und sagte: „Wir leben schon lange zusammen. Es ist an der Zeit, dass wir uns trennen. Teilen wir unseren Besitz auf."

Dann war der jüngere Einsiedler traurig und sagte: „Es schmerzt mich, Bruder, dass du mich verlässt ." Aber wenn du unbedingt gehen musst, dann soll es so sein", und er brachte die irdene Schale und gab sie ihm mit den Worten: „Wir können sie nicht teilen, Bruder, lass es dein sein."

Dann sagte der ältere Einsiedler: „Ich werde keine Wohltätigkeit annehmen. Ich werde nichts als mein eigenes nehmen. Es muss geteilt werden."

Und der Jüngere sagte: „Wenn die Schale zerbrochen wäre, welchen Nutzen hätte sie dann für dich oder für mich?" Wenn es Dir gefällt, lass uns lieber viel werfen."

Aber der ältere Einsiedler sagte noch einmal: „Ich werde nur Gerechtigkeit und meine eigene haben, und ich werde Gerechtigkeit und meine eigene nicht dem eitlen Zufall anvertrauen." Die Schüssel muss geteilt werden."

Dann konnte der jüngere Einsiedler nicht weiter argumentieren und sagte: „Wenn es wirklich dein Wille ist und du es auch haben möchtest, dann lass uns jetzt die Schale zerbrechen."

Doch das Gesicht des älteren Einsiedlers verfinsterte sich und er schrie: „O du verfluchter Feigling, du wolltest nicht kämpfen."

Über Geben und Nehmen

Es lebte einmal ein Mann, der ein Tal voller Nadeln hatte. Und eines Tages kam die Mutter Jesu zu ihm und sagte: „Freund, das Gewand meines Sohnes ist zerrissen und ich muss es unbedingt reparieren, bevor er in den Tempel geht ." Würdest du mir nicht eine Nadel geben?"

Und er gab ihr keine Nadel, sondern er gab ihr eine gelehrte Ansprache über Geben und Nehmen, die sie ihrem Sohn mitgeben sollte, bevor er in den Tempel gehen sollte.

Die sieben Selbste

In der stillsten Stunde der Nacht, als ich im Halbschlaf lag, saßen meine sieben Ichs zusammen und unterhielten uns flüsternd:

Erstes Selbst: Hier, in diesem Verrückten, habe ich all die Jahre gelebt und nichts zu tun gehabt, als seinen Schmerz bei Tag zu erneuern und seinen Kummer bei Nacht neu zu erschaffen. Ich kann mein Schicksal nicht länger ertragen und jetzt rebelliere ich.

Zweites Ich: Dein Los ist besser als meins, Bruder, denn es ist mir gegeben, das freudige Ich dieses Verrückten zu sein. Ich lache sein Lachen und besinge seine glücklichen Stunden, und mit dreimal geflügelten Füßen tanze ich seine strahlenden Gedanken. Ich bin es, der gegen mein müdes Dasein rebellieren würde.

Drittes Selbst: Und was ist mit mir, dem verliebten Selbst, der flammenden Sorte wilder Leidenschaft und fantastischer Wünsche? Ich bin das liebeskranke Ich, das gegen diesen Verrückten rebellieren würde.

Viertes Selbst: Ich bin von euch allen der Elendste, denn mir wurde nichts als abscheulicher Hass und zerstörerischer Abscheu zuteil. Ich, das sturmgleiche Selbst, das in den schwarzen Höhlen der Hölle geboren wurde, würde dagegen protestieren, diesem Verrückten zu dienen.

Fünftes Selbst: Nein, ich bin es, das denkende Selbst, das phantasievolle Selbst, das Selbst des Hungers und Durstes, derjenige, der dazu verdammt ist, ohne Ruhe auf der Suche nach unbekannten und noch nicht erschaffenen Dingen umherzuwandern; Ich bin es, der rebellieren würde, nicht du.

Sechstes Selbst: Und ich, das arbeitende Selbst, der erbärmliche Arbeiter, der mit geduldigen Händen und sehnsüchtigen Augen die Tage in Bilder gestaltet und den formlosen Elementen neue und ewige Formen gibt – ich, der Einsame, würde rebellieren gegen diesen ruhelosen Verrückten.

Siebtes Selbst: Wie seltsam, dass ihr alle gegen diesen Mann rebelliert, denn jeder einzelne von euch hat ein vorherbestimmtes Schicksal zu erfüllen. Ah! Könnte ich nicht wie einer von euch sein, ein Selbst mit einem entschlossenen Los! Aber ich habe keine, ich bin das Nichtstun-Ich, derjenige, der im stummen, leeren Nirgendwo und Nirgendwo sitzt, während du damit beschäftigt bist, das Leben neu zu erschaffen. Sind Sie oder ich, Nachbarn, der rebellieren sollte?

Als das siebte Selbst so sprach, blickten die anderen sechs Selbste mitleidig auf ihn, sagten aber nichts mehr; und als die Nacht tiefer wurde, schlief einer nach dem anderen ein, umhüllt von einer neuen und glücklichen Unterwerfung.

Aber das siebte Selbst blieb wachsam und starrte auf das Nichts, das hinter allen Dingen liegt.

Krieg

Eines Nachts fand im Palast ein Fest statt, und da kam ein Mann und warf sich vor dem Prinzen nieder, und alle Festenden blickten ihn an; Und sie sahen, dass eines seiner Augen herausgefallen war und dass die leere Augenhöhle blutete. Und der Prinz fragte ihn: „Was ist dir widerfahren?" Und der Mann antwortete: „Oh Prinz, ich bin von Beruf ein Dieb, und diese Nacht, weil es keinen Mond gab, ging ich, um den Geldwechsler auszurauben, und als ich durch das Fenster hineinkletterte, machte ich einen Fehler und trat ein." Ich ging in die Weberwerkstatt, und im Dunkeln rannte ich in den Webstuhl und mir wurde das Auge ausgerissen. Und nun, oh Prinz, bitte ich um Gerechtigkeit für den Weber."

Dann ließ der Prinz den Weber rufen, und er kam, und es wurde verfügt, dass ihm eines seiner Augen ausgerissen werden sollte.

„O Prinz", sagte der Weber, „der Beschluss ist gerecht." Es ist richtig, dass eines meiner Augen genommen wird. Und doch, leider! Beides ist für mich notwendig, damit ich die beiden Seiten des Stoffes sehen kann, den ich webe. Aber ich habe einen Nachbarn , einen Schuster, der auch zwei Augen hat, und in seinem Beruf sind beide Augen nicht nötig."

Dann ließ der Prinz den Schuster rufen. Und er kam. Und sie haben dem Schuster eines der beiden Augen herausgenommen.

Und der Gerechtigkeit wurde Genüge getan.

Der Fuchs

Ein Fuchs schaute bei Sonnenaufgang auf seinen Schatten und sagte: „Heute esse ich ein Kamel zum Mittagessen." Und den ganzen Morgen ging er umher und suchte nach Kamelen. Aber am Mittag sah er seinen Schatten wieder – und er sagte: „Eine Maus reicht."

Der weise König

Einst herrschte in der fernen Stadt Wirani ein König, der sowohl mächtig als auch weise war. Und er wurde wegen seiner Macht gefürchtet und wegen seiner Weisheit geliebt.

Nun befand sich im Herzen dieser Stadt ein Brunnen, dessen Wasser kühl und kristallklar war und aus dem alle Einwohner tranken, sogar der König und seine Höflinge; denn es gab keinen anderen Brunnen.

Eines Nachts, als alle schliefen, betrat eine Hexe die Stadt, goss sieben Tropfen einer seltsamen Flüssigkeit in den Brunnen und sagte: „Von dieser Stunde an wird der, der dieses Wasser trinkt, verrückt werden."

Am nächsten Morgen tranken alle Einwohner, außer dem König und seinem Kammerherrn, aus dem Brunnen und wurden wahnsinnig, genau wie die Hexe es vorhergesagt hatte.

Und an diesem Tag taten die Leute in den engen Gassen und auf den Marktplätzen nichts anderes, als einander zuzuflüstern: „Der König ist verrückt." Unser König und sein Lordkämmerer haben ihren Verstand verloren. Sicherlich können wir nicht von einem verrückten König regiert werden. Wir müssen ihn entthronen."

An diesem Abend befahl der König, einen goldenen Kelch aus dem Brunnen zu füllen. Und als es ihm gebracht wurde , trank er tief und gab es seinem Herrn Kämmerer zu trinken.

Wirani herrschte große Freude , weil ihr König und ihr Oberkämmerer ihren Verstand wiedergefunden hatten.

Ehrgeiz

Drei Männer trafen sich an einem Wirtshaustisch. Einer war Weber, ein anderer Zimmermann und der dritte Pflüger.

Der Weber sagte: „Ich habe heute ein feines Leinentuch für zwei Goldstücke verkauft. Lasst uns so viel Wein haben, wie wir wollen."

„Und ich", sagte der Zimmermann, „ich habe meinen besten Sarg verkauft. Wir werden einen tollen Braten zum Wein haben."

„Ich habe nur ein Grab gegraben", sagte der Pflüger, „aber mein Gönner hat mir das Doppelte bezahlt." Lasst uns auch Honigkuchen haben."

Und den ganzen Abend über war in der Taverne viel los, denn sie kamen oft wegen Wein, Fleisch und Kuchen. Und sie waren fröhlich.

Und der Gastgeber rieb sich die Hände und lächelte seiner Frau zu; denn seine Gäste gaben reichlich Geld aus.

Als sie gingen, stand der Mond hoch und sie gingen singend und schreiend die Straße entlang.

Der Wirt und seine Frau standen in der Tür der Taverne und kümmerten sich um sie.

"Ah!" sagte die Frau, „diese Herren! So freihändig und so schwul! Wenn sie uns nur jeden Tag so viel Glück bringen könnten! Dann muss unser Sohn kein Wirt sein und so hart arbeiten. Wir könnten ihn ausbilden und er könnte Priester werden."

Das neue Vergnügen

Letzte Nacht habe ich ein neues Vergnügen erfunden, und als ich es zum ersten Mal ausprobierte, stürmten ein Engel und ein Teufel auf mein Haus zu. Sie trafen sich an meiner Tür und stritten miteinander um mein neu geschaffenes Vergnügen; der eine schreit: „Es ist eine Sünde!" – der andere: „Es ist eine Tugend!"

Die andere Sprache

Drei Tage nach meiner Geburt, als ich in meiner seidenen Wiege lag und mit erstauntem Entsetzen auf die neue Welt um mich herum blickte, fragte meine Mutter die Amme: „Wie geht es meinem Kind?"

Und die Amme antwortete: „Es geht ihm gut, Madame, ich habe ihn dreimal gefüttert; und noch nie habe ich ein so junges und doch so fröhliches Baby gesehen."

Und ich war empört; und ich schrie: „Das ist nicht wahr, Mutter; denn mein Bett ist hart, und die Milch, die ich gesaugt habe, ist bitter in meinem Mund, und der Geruch der Brust ist in meiner Nase übel, und es geht mir sehr elend."

Aber meine Mutter verstand es nicht und die Krankenschwester auch nicht; denn die Sprache, die ich sprach, war die der Welt, aus der ich kam.

Und am einundzwanzigsten Tag meines Lebens, als ich getauft wurde, sagte der Priester zu meiner Mutter: „Sie sollten sich wirklich freuen, Madame, dass Ihr Sohn als Christ geboren wurde."

Und ich war überrascht – und ich sagte zum Priester: „Dann sollte deine Mutter im Himmel unglücklich sein, denn du wurdest nicht als Christin geboren."

Aber auch der Priester verstand meine Sprache nicht.

Und nach sieben Monden schaute mich eines Tages ein Wahrsager an und sagte zu meiner Mutter: „Dein Sohn wird ein Staatsmann und ein großer Anführer der Menschen sein."

Aber ich schrie : „Das ist ein falscher Prophet; denn ich werde ein Musiker sein, und nichts als ein Musiker werde ich sein."

Aber selbst in diesem Alter verstand man meine Sprache nicht – und mein Erstaunen war groß.

Und nach dreiunddreißig Jahren, in denen meine Mutter, die Krankenschwester und der Priester alle gestorben sind (der Schatten Gottes ruhe auf ihren Geistern), lebt der Wahrsager immer noch. Und gestern traf ich ihn in der Nähe der Tore des Tempels; und während wir uns unterhielten , sagte er: „Ich habe immer gewusst, dass du ein großartiger Musiker werden würdest. Schon in deiner Kindheit habe ich deine Zukunft prophezeit und vorhergesagt."

Und ich habe ihm geglaubt – denn jetzt habe auch ich die Sprache dieser anderen Welt vergessen.

Der Granatapfel

Als ich einmal im Herzen eines Granatapfels lebte, hörte ich einen Samen sagen: „Eines Tages werde ich ein Baum werden, und der Wind wird in meinen Zweigen singen, und die Sonne wird auf meinen Blättern tanzen, und ich werde stark sein und." schön zu allen Jahreszeiten."

Dann sprach ein anderer Samen und sagte: „Als ich so jung war wie du, hatte auch ich solche Ansichten; aber jetzt, wo ich die Dinge wiegen und messen kann, sehe ich, dass meine Hoffnungen vergeblich waren."

Und ein dritter Samen sprach ebenfalls: „Ich sehe in uns nichts, was eine so große Zukunft verspricht."

Und ein vierter sagte: „Aber was für ein Hohn wäre unser Leben ohne eine größere Zukunft!"

Ein Fünfter sagte: „Warum bestreiten wir, was wir sein werden, wenn wir nicht einmal wissen, was wir sind?"

Aber ein Sechster antwortete: „Was auch immer wir sind, das werden wir auch weiterhin sein."

Und ein siebter sagte: „Ich habe so eine klare Vorstellung davon, wie alles sein wird, aber ich kann es nicht in Worte fassen."

Dann sprach eine Acht – und eine Neunte – und eine Zehnte – und dann viele – bis alle sprachen und ich vor lauter vielen Stimmen nichts mehr unterscheiden konnte.

Und so begab ich mich noch am selben Tag in das Herz einer Quitte, wo es nur wenige und fast stille Samen gibt.

Die zwei Käfige

Im Garten meines Vaters stehen zwei Käfige. In einem ist ein Löwe, den die Sklaven meines Vaters aus der Wüste von Ninava mitgebracht haben ; im anderen ist ein singloser Spatz.

Jeden Tag im Morgengrauen ruft der Spatz dem Löwen zu: „Guten Morgen dir, Bruder Gefangener."

Die drei Ameisen

Drei Ameisen trafen sich auf der Nase eines Mannes, der in der Sonne schlief. Und nachdem sie einander gegrüßt hatten, jeder nach der Sitte seines Stammes, standen sie da und unterhielten sich.

Die erste Ameise sagte: „Diese Hügel und Ebenen sind die kargsten, die ich je gekannt habe." Ich habe den ganzen Tag nach irgendeinem Korn gesucht, aber es ist nichts zu finden."

Die zweite Ameise sagte: „Auch ich habe nichts gefunden, obwohl ich jeden Winkel und jede Lichtung aufgesucht habe. Ich glaube, das ist es, was mein Volk das weiche, sich bewegende Land nennt, in dem nichts wächst."

Dann hob die dritte Ameise den Kopf und sagte: „Meine Freunde, wir stehen jetzt auf der Nase der Höchsten Ameise, der mächtigen und unendlichen Ameise, deren Körper so groß ist, dass wir ihn nicht sehen können, deren Schatten so groß ist, dass wir ihn nicht sehen können." kann es nicht verfolgen, dessen Stimme so laut ist, dass wir sie nicht hören können; und Er ist allgegenwärtig."

Als die dritte Ameise so sprach, sahen sich die anderen Ameisen an und lachten.

In diesem Moment bewegte sich der Mann und hob im Schlaf seine Hand und kratzte sich an der Nase, und die drei Ameisen wurden zerquetscht.

Der Totengräber

Als ich einmal eines meiner toten Ichs begrub, kam der Totengräber vorbei und sagte zu mir: „Von allen, die hierher kommen, um zu begraben, mag ich nur dich."

Ich sagte: „Du erfreust mich außerordentlich, aber warum magst du mich?"

„Weil", sagte er, „sie weinend kommen und weinen gehen – du kommst nur lachend und gehst lachend."

Auf den Stufen des Tempels

Gestern sah ich auf den Marmorstufen des Tempels eine Frau zwischen zwei Männern sitzen. Eine Seite ihres Gesichts war blass, die andere war rot.

Die gesegnete Stadt

In meiner Jugend wurde mir gesagt, dass in einer bestimmten Stadt jeder nach der Heiligen Schrift lebte.

Und ich sagte: „Ich werde diese Stadt und ihren Segen suchen." Und es war weit. Und ich habe für meine Reise gut vorgesorgt. Und nach vierzig Tagen erblickte ich die Stadt und am einundvierzigsten Tag betrat ich sie.

Und siehe da! die ganze Schar der Einwohner hatte jeder nur ein einziges Auge und nur eine Hand. Und ich war erstaunt und sagte zu mir selbst: „Sollten die Bewohner dieser so heiligen Stadt nur ein Auge und eine Hand haben?"

Da sah ich, dass auch sie erstaunt waren, denn sie staunten sehr über meine beiden Hände und meine beiden Augen. Und während sie miteinander redeten, fragte ich sie und sagte: „Ist dies tatsächlich die gesegnete Stadt, in der jeder gemäß der Schrift lebt?" Und sie sagten: „Ja, das ist diese Stadt."

„Und was", sagte ich, „ist dir widerfahren, und wo sind deine rechten Augen und deine rechten Hände?"

Und alle Menschen waren bewegt. Und sie sagten: „Komm und sieh."

Und sie führten mich zum Tempel mitten in der Stadt. Und im Tempel sah ich einen Haufen Hände und Augen. Alles verdorrt. Dann sagte ich: „Leider! Welcher Eroberer hat diese Grausamkeit an dir begangen?"

Und es entstand ein Murmeln unter ihnen. Und einer ihrer Ältesten trat hervor und sagte: „Dieses Werk ist unser eigenes Werk." Gott hat uns zu Besiegern über das Böse gemacht, das in uns war."

Und er führte mich zu einem Hochaltar, und das ganze Volk folgte ihm. Und er zeigte mir über dem Altar eine eingravierte Inschrift , und ich las:

> „Wenn dein rechtes Auge dich beleidigt , reiß es aus und wirf es von dir; Denn es ist für dich von Vorteil, dass eines deiner Glieder zugrunde geht, und nicht, dass der ganze Körper in die Hölle geworfen wird. Und wenn deine rechte Hand dich beleidigt , so hieb sie ab und wirf sie von dir; denn es ist für dich von Nutzen, dass eines deiner Glieder umkommt, und nicht, dass dein ganzer Körper in die Hölle geworfen wird."

Dann habe ich es verstanden. Und ich wandte mich an das ganze Volk und rief: „Hat unter euch kein Mann und keine Frau zwei Augen oder zwei Hände?"

Und sie antworteten mir: „Nein, nicht einer." Es gibt niemanden, der gesund ist, außer solchen, die noch zu jung sind, um die Heilige Schrift zu lesen und ihr Gebot zu verstehen."

Und als wir aus dem Tempel kamen, verließ ich sofort diese gesegnete Stadt;
denn ich war noch nicht zu jung und konnte die Schrift lesen.

Der gute Gott und der böse Gott

Der gute Gott und der böse Gott trafen sich auf dem Berggipfel.

Der gute Gott sagte: „Guten Tag, Bruder."

Der böse Gott antwortete nicht.

Und der gute Gott sagte: „Du bist heute in schlechter Laune ."

„Ja", sagte der böse Gott, „denn in letzter Zeit wurde ich oft mit dir verwechselt, mit deinem Namen angesprochen und behandelt, als ob ich du wäre, und das gefällt mir nicht."

Und der gute Gott sagte: „Aber auch ich wurde mit dir verwechselt und bei deinem Namen genannt."

Der böse Gott ging davon und verfluchte die Dummheit des Menschen.

Verlust

Niederlage, meine Niederlage, meine Einsamkeit und meine Zurückhaltung; Du bist mir teurer als tausend Triumphe und süßer für mein Herz als aller Ruhm der Welt.

Niederlage, meine Niederlage, meine Selbsterkenntnis und mein Trotz. Durch dich weiß ich, dass ich noch jung und flink bin und nicht von welken Lorbeeren gefangen werde. Und in dir habe ich Einsamkeit gefunden und die Freude, gemieden und verachtet zu werden.

Niederlage, meine Niederlage, mein leuchtendes Schwert und mein Schild. In deinen Augen habe ich gelesen, dass auf dem Thron zu sein bedeutet, versklavt zu werden, und verstanden zu werden bedeutet, geebnet zu werden, und erfasst zu werden, bedeutet, seine Fülle zu erreichen und wie eine reife Frucht dazu fallen und verzehrt werden.

Niederlage, meine Niederlage, mein kühner Gefährte,
Du wirst meine Lieder und meine Schreie und mein Schweigen hören, und niemand außer dir wird zu mir sprechen vom Flügelschlag und dem Drängen der Meere und von Bergen, die in der Nacht brennen, und Du allein wirst meine steile und felsige Seele erklimmen.

Niederlage, meine Niederlage, mein unsterblicher Mut,
Du und ich werden zusammen mit dem Sturm lachen, und gemeinsam werden wir Gräber für alles ausheben, was in uns stirbt,
und wir werden mit Willen in der Sonne stehen,
und wir werden gefährlich sein.

Nacht und der Verrückte

„Ich bin wie du, o Nacht, dunkel und nackt; Ich gehe auf dem brennenden Pfad, der über meinen Tagträumen liegt, und wann immer mein Fuß die Erde berührt, kommt eine riesige Eiche zum Vorschein."

„Nein, du bist nicht wie ich, oh Verrückter, denn du schaust immer noch zurück, um zu sehen, welch großen Fußabdruck du im Sand hinterlässt ."

„Ich bin wie du, o Nacht, still und tief; und im Herzen meiner Einsamkeit liegt eine Göttin im Kindbett; und in dem, der geboren wird, berührt der Himmel die Hölle."

„Nein, du bist nicht wie ich, oh Verrückter, denn du schauderst noch vor dem Schmerz, und der Gesang des Abgrunds macht dir Angst."

„Ich bin wie du, o Nacht, wild und schrecklich; denn meine Ohren sind erfüllt von Schreien besiegter Nationen und Seufzern vergessener Länder."

„Nein, du bist nicht wie ich, oh Verrückter, denn du hältst dein kleines Ich immer noch für einen Kameraden, und mit deinem Monster-Ich kannst du kein Freund sein."

„Ich bin wie du, o Nacht, grausam und schrecklich; denn meine Brust ist von brennenden Schiffen auf dem Meer erleuchtet, und meine Lippen sind feucht vom Blut getöteter Krieger."

„Nein, du bist nicht wie ich, oh Verrückter; denn der Wunsch nach einem Schwestergeist ist immer noch in dir, und du bist nicht allein mit dir selbst geworden."

„Ich bin wie du, o Nacht, freudig und froh; Denn wer in meinem Schatten wohnt, ist jetzt von jungfräulichem Wein betrunken, und die mir folgt, sündigt fröhlich."

„Nein, du bist nicht wie ich, o Verrückter, denn deine Seele ist in den Schleier aus sieben Falten gehüllt und du hältst dein Herz nicht in deiner Hand."

„Ich bin wie du, o Nacht, geduldig und leidenschaftlich; denn in meiner Brust sind tausend tote Liebende in Leichentüchern verwelkter Küsse begraben."

„Ja, Verrückter, bist du wie ich? Bist du wie ich? Und kannst du den Sturm wie ein Ross reiten und den Blitz wie ein Schwert ergreifen?"

„Wie du, o Nacht, wie du, mächtig und hoch, und mein Thron ist auf Haufen gefallener Götter gebaut; und auch vor mir vergehen die Tage, in denen ich den Saum meines Gewandes küsse, aber niemals in mein Gesicht blicke."

„ Bist du wie ich, Kind meines dunkelsten Herzens? Und denkst du meine ungezähmten Gedanken und sprichst du meine gewaltige Sprache?"

„Ja, wir sind Zwillingsbrüder, oh Nacht; denn du offenbarest Raum und ich offenbare meine Seele."

Gesichter

Ich habe ein Gesicht mit tausend Gesichtern gesehen, und ein Gesicht, das nur ein einziges Gesicht war, als wäre es in eine Form gesteckt worden .

Ich habe ein Gesicht gesehen, durch dessen Glanz ich auf die Hässlichkeit darunter blicken konnte, und ein Gesicht, dessen Glanz ich anheben musste, um zu sehen, wie schön es war.

Ich habe ein altes Gesicht gesehen, das von vielen Falten durchzogen war, und ein glattes Gesicht, in das alles eingraviert war.

Ich kenne Gesichter, weil ich durch den Stoff schaue, den mein eigenes Auge webt, und die Realität darunter sehe.

Das Große Meer

Meine Seele und ich gingen zum großen Meer, um zu baden. Und als wir das Ufer erreichten, machten wir uns auf die Suche nach einem versteckten und einsamen Ort.

Aber als wir gingen, sahen wir einen Mann, der auf einem grauen Felsen saß, eine Prise Salz aus einem Beutel nahm und sie ins Meer warf.

„Das ist der Pessimist", sagte meine Seele, „lasst uns diesen Ort verlassen." Wir können hier nicht baden."

Wir gingen weiter, bis wir eine Bucht erreichten. Dort sahen wir auf einem weißen Felsen einen Mann stehen, der eine juwelenbesetzte Kiste hielt, aus der er Zucker nahm und ihn ins Meer warf.

„Und das ist der Optimist", sagte meine Seele, „Und auch er darf unsere nackten Körper nicht sehen."

Weiter gingen wir. Und an einem Strand sahen wir einen Mann, der tote Fische aufhob und sie behutsam zurück ins Wasser legte.

„Und wir können nicht vor ihm baden", sagte meine Seele. „Er ist der humane Philanthrop."

Und wir sind weitergegangen.

Dann kamen wir und sahen einen Mann, der seinen Schatten auf den Sand zeichnete. Große Wellen kamen und löschten es aus. Aber er ging der Spur immer wieder nach.

„Er ist der Mystiker", sagte meine Seele, „Lass uns ihn verlassen."

Und wir gingen weiter, bis wir im stillen Verborgenen einen Mann sahen, der den Schaum aufhob und ihn in eine Alabasterschale füllte.

„Er ist der Idealist", sagte meine Seele, „Er darf unsere Nacktheit doch sicher nicht sehen."

Und weiter gingen wir. Plötzlich hörten wir eine Stimme rufen: „Das ist das Meer." Das ist die Tiefsee. Das ist das weite und mächtige Meer." Und als wir die Stimme erreichten , war es ein Mann, der dem Meer den Rücken zugewandt hatte und an sein Ohr hielt er eine Muschel und lauschte ihrem Murmeln.

Und meine Seele sagte: „Lass uns weitergehen." Er ist der Realist, der dem Ganzen, das er nicht erfassen kann, den Rücken kehrt und sich mit einem Fragment beschäftigt."

Also sind wir weitergegangen. Und an einer unkrautigen Stelle zwischen den Felsen befand sich ein Mann, dessen Kopf im Sand vergraben war. Und ich sagte zu meiner Seele: „Wir können hier baden, denn er kann uns nicht sehen."

„Nein", sagte meine Seele, „denn er ist der tödlichste von allen." Er ist der Puritaner."

Dann überkam meine Seele und ihre Stimme eine große Traurigkeit.

„Lasst uns gehen", sagte sie, „denn es gibt keinen einsamen, versteckten Ort, an dem wir baden können. Ich würde nicht zulassen, dass dieser Wind mein goldenes Haar anhebt oder meinen weißen Busen in dieser Luft entblößt, oder dass das Licht meine heilige Nacktheit offenbart."

Dann verließen wir dieses Meer, um das Größere Meer zu suchen.

Gekreuzigt

Ich rief den Männern zu: „Ich würde gekreuzigt werden!"

Und sie sagten: „Warum sollte dein Blut auf unseren Köpfen sein?"

Und ich antwortete: „Wie sonst sollt ihr erhöht werden, außer durch die Kreuzigung von Wahnsinnigen?"

Und sie hörten darauf und ich wurde gekreuzigt. Und die Kreuzigung hat mich besänftigt.

Himmel gehängt wurde, hoben sie ihre Köpfe, um mich zu sehen. Und sie wurden erhöht, denn ihre Häupter waren noch nie zuvor erhoben worden.

Aber als sie dastanden und zu mir aufblickten, rief einer: „Wofür willst du büßen?"

Und ein anderer rief: „Aus welchem Grund opferst du dich?"

Und ein Dritter sagte: „ Glaubst du, mit diesem Preis Weltruhm zu erkaufen?"

Dann sagte ein Vierter: „Siehe, wie er lächelt! Kann solch ein Schmerz vergeben werden?"

Und ich antwortete ihnen allen und sagte:

„Denken Sie nur daran, dass ich gelächelt habe. Ich büße weder, noch opfere ich, noch wünsche ich mir Ruhm; und ich habe nichts zu vergeben. Ich hatte Durst – und ich flehte dich an, mir mein Blut zu trinken zu geben. Denn was kann den Durst eines Verrückten stillen außer seinem eigenen Blut? Ich war dumm – und ich habe von dir Wunden statt Münder verlangt. Ich war in deinen Tagen und Nächten eingesperrt – und ich suchte eine Tür zu größeren Tagen und Nächten.

Und jetzt gehe ich – wie andere, die bereits gekreuzigt wurden, gegangen sind. Und denken Sie nicht, dass wir der Kreuzigung überdrüssig sind. Denn wir müssen von immer größeren Menschen gekreuzigt werden, zwischen immer größeren Erden und noch größeren Himmeln."

Der Astronom

Im Schatten des Tempels sahen mein Freund und ich einen Blinden, der allein saß. Und mein Freund sagte: „Seht, der weiseste Mann unseres Landes."

Dann verließ ich meinen Freund, ging auf den Blinden zu und begrüßte ihn. Und wir haben uns unterhalten.

Nach einer Weile sagte ich: „Verzeihen Sie meine Frage; aber seit wann bist du blind?"

„Seit meiner Geburt", antwortete er.

Ich sagte: „Und welchen Weg der Weisheit folgst du?"

Er sagte: „Ich bin Astronom."

Dann legte er seine Hand auf seine Brust und sagte: „Ich beobachte all diese Sonnen, Monde und Sterne."

Die große Sehnsucht

Hier sitze ich zwischen meinem Bruder, dem Berg, und meiner Schwester, dem Meer.

Wir drei sind eins in der Einsamkeit, und die Liebe, die uns verbindet, ist tief, stark und seltsam. Nein, es ist tiefer als die Tiefe meiner Schwester und stärker als die Stärke meines Bruders und seltsamer als die Fremdartigkeit meines Wahnsinns.

Äonen über Äonen sind vergangen, seit die erste graue Morgendämmerung uns füreinander sichtbar machte; Und obwohl wir die Geburt, die Fülle und den Tod vieler Welten gesehen haben, sind wir immer noch eifrig und jung.

Wir sind jung und eifrig, und dennoch sind wir ohne Partner und ohne Besuch, und obwohl wir ununterbrochen in halber Umarmung liegen, fühlen wir uns unwohl. Und welchen Trost gibt es für kontrolliertes Verlangen und unverbrauchte Leidenschaft? Woher soll der flammende Gott kommen, um das Bett meiner Schwester zu wärmen? Und welcher Strom soll das Feuer meines Bruders löschen? Und wer ist die Frau, die mein Herz beherrschen wird?

In der Stille der Nacht murmelt meine Schwester im Schlaf den unbekannten Namen des Feuergottes, und mein Bruder ruft aus der Ferne die kühle und ferne Göttin an. Aber wen ich im Schlaf anrufe, weiß ich nicht.

Hier sitze ich zwischen meinem Bruder, dem Berg, und meiner Schwester, dem Meer. Wir drei sind eins in der Einsamkeit, und die Liebe, die uns verbindet, ist tief, stark und seltsam.

Sagte ein Grashalm

Ein Grashalm sagte zu einem Herbstblatt: „Du machst so einen Lärm, wenn du fällst! Du zerstreust alle meine Winterträume."

Empört sagte das Blatt: „Niedrig geboren und niedrig wohnend! Liedloses, mürrisches Ding! Du lebst nicht in der oberen Luft und kannst den Klang des Gesangs nicht wahrnehmen."

Dann legte sich das Herbstblatt auf die Erde und schlief. Und als der Frühling kam, erwachte sie wieder – und sie war ein Grashalm.

Und als es Herbst war und ihr Winterschlaf vor der Tür stand und die Blätter über ihr durch die ganze Luft fielen, murmelte sie vor sich hin: „Oh, diese Herbstblätter! Sie machen solchen Lärm! Sie zerstreuen alle meine Winterträume."

Das Auge

Eines Tages sagte das Auge: „Ich sehe hinter diesen Tälern einen Berg, der von blauem Nebel verschleiert ist. Ist es nicht schön?"

Das Ohr lauschte, und nachdem es eine Weile aufmerksam zugehört hatte, sagte es: „Aber wo ist ein Berg? Ich höre es nicht."

Dann sprach die Hand und sagte: „Ich versuche vergeblich, es zu fühlen oder zu berühren, und ich kann keinen Berg finden."

Und die Nase sagte: „Es gibt keinen Berg, ich kann ihn nicht riechen."

Dann drehte sich das Auge in die andere Richtung und alle begannen gemeinsam über die seltsame Täuschung des Auges zu reden. Und sie sagten: „Etwas muss mit dem Auge nicht in Ordnung sein."

Die zwei gelehrten Männer

Einst lebten in der antiken Stadt Afkar zwei gelehrte Männer, die die Gelehrsamkeit des anderen hassten und herabwürdigten. Denn einer von ihnen leugnete die Existenz der Götter und der andere war ein Gläubiger.

Eines Tages trafen sich die beiden auf dem Marktplatz und begannen inmitten ihrer Anhänger zu streiten und über die Existenz oder Nichtexistenz der Götter zu streiten. Und nach stundenlangem Streit trennten sie sich.

An diesem Abend ging der Ungläubige zum Tempel, warf sich vor dem Altar nieder und betete zu den Göttern, ihm seine eigensinnige Vergangenheit zu vergeben.

Und in derselben Stunde verbrannte der andere gelehrte Mann, der die Götter hochgehalten hatte, seine heiligen Bücher. Denn er war ein Ungläubiger geworden.

Als mein Kummer geboren wurde

Als mein Kummer geboren wurde , habe ich ihn sorgfältig gepflegt und mit liebevoller Zärtlichkeit über ihn gewacht.

Und mein Kummer wuchs wie alle Lebewesen, stark und schön und voller wundersamer Freuden.

Und wir liebten einander, mein Kummer und ich, und wir liebten die Welt um uns herum; denn Sorrow hatte ein gütiges Herz und ich war gütig mit Sorrow.

Und als wir uns unterhielten, meine Trauer und ich, waren unsere Tage beschwingt und unsere Nächte voller Träume; denn Kummer hatte eine beredte Zunge, und meine war beredt mit Kummer.

Und als wir zusammen sangen, mein Kummer und ich, saßen unsere Nachbarn an ihren Fenstern und hörten zu; denn unsere Lieder waren tief wie das Meer und unsere Melodien voller seltsamer Erinnerungen.

Und als wir zusammen gingen, mein Kummer und ich, blickten uns die Menschen mit sanften Augen an und flüsterten mit überaus süßen Worten. Und es gab diejenigen, die neidisch auf uns schauten, denn Trauer war etwas Edles und ich war stolz vor Trauer.

Aber mein Kummer ist gestorben, wie alle Lebewesen, und ich bin allein zurückgelassen, um zu sinnieren und nachzudenken.

Und wenn ich jetzt spreche, klingen meine Worte schwer in meinen Ohren.

Und wenn ich meine Lieder singe, kommen meine Nachbarn, um nicht zuzuhören.

Und wenn ich durch die Straßen gehe, schaut mich niemand an.

Nur im Schlaf höre ich Stimmen, die mitleidig sagen: „Siehe, da liegt der Mann, dessen Kummer tot ist."

Und als meine Freude geboren wurde

Und als meine Freude geboren wurde, hielt ich sie in meinen Armen und stand auf dem Dach des Hauses und rief: „Kommt, meine Nachbarn , kommt und seht, denn heute ist mir Freude geboren." Kommen Sie und schauen Sie sich dieses fröhliche Ding an, das in der Sonne lacht ."

Aber keiner meiner Nachbarn kam, um meine Freude zu sehen, und mein Erstaunen war groß.

Und sieben Monde lang verkündete ich jeden Tag meine Freude vom Dach des Hauses – und doch hörte mir niemand zu. Und meine Freude und ich waren allein, ungesucht und unbesucht.

Dann wurde meine Freude blass und müde, weil kein anderes Herz als meins seine Lieblichkeit bewahrte und keine anderen Lippen seine Lippen küssten.

Dann starb meine Freude an Isolation.

Und jetzt erinnere ich mich nur noch an meine tote Freude, wenn ich mich an meine tote Trauer erinnere. Aber die Erinnerung ist ein Herbstblatt, das eine Weile im Wind murmelt und dann nicht mehr gehört wird.

„Die perfekte Welt"

Gott der verlorenen Seelen, du, der du unter den Göttern verloren bist, höre mich:

Sanftes Schicksal, das über uns wacht , verrückte, wandernde Geister, erhöre mich:

Ich lebe inmitten eines vollkommenen Rennens, ich bin das unvollkommenste.

Ich, ein menschliches Chaos, ein Nebel aus verwirrten Elementen, ich bewege mich zwischen fertigen Welten – Völkern mit vollständigen Gesetzen und reiner Ordnung, deren Gedanken sortiert, deren Träume geordnet und deren Visionen registriert und registriert sind.

Ihre Tugenden, o Gott, werden gemessen, ihre Sünden werden gewogen, und selbst die unzähligen Dinge, die im trüben Zwielicht weder von Sünde noch von Tugend geschehen, werden aufgezeichnet und katalogisiert.

Hier sind Tage und Nächte in Verhaltenszeiten unterteilt und werden von Regeln tadelloser Genauigkeit bestimmt.

Essen, trinken, schlafen, seine Nacktheit bedecken und dann zu gegebener Zeit müde sein.

Arbeiten, spielen, singen, tanzen und dann still liegen, wenn die Uhr die volle Stunde schlägt.

So zu denken, so viel zu fühlen und dann mit dem Denken und Fühlen aufzuhören, wenn ein bestimmter Stern über dem Horizont aufgeht.

Nachbarn mit einem Lächeln berauben , mit einer anmutigen Handbewegung Geschenke machen, mit Bedacht loben, mit Bedacht tadeln, mit einem Wort einen Laut zerstören, mit einem Atemzug einen Körper verbrennen und sich dann die Hände waschen Die Arbeit des Tages ist erledigt.

Nach einer festgelegten Ordnung lieben, sich auf vorgefasste Weise von seiner besten Seite zeigen, die Götter angemessen verehren, die Teufel kunstvoll intrigieren – und dann alles vergessen, als ob die Erinnerung tot wäre.

Sich mit einem Motiv vorstellen, mit Bedacht nachdenken, süß glücklich sein, edel leiden – und dann den Kelch leeren, damit er ihn morgen wieder füllen kann.

All diese Dinge, o Gott, werden mit Voraussicht erdacht, mit Entschlossenheit geboren, mit Genauigkeit gepflegt, durch Regeln regiert, durch Vernunft geleitet und dann nach einer vorgeschriebenen Methode getötet und begraben. Und selbst ihre stillen Gräber, die in der menschlichen Seele liegen, sind markiert und nummeriert.

Es ist eine perfekte Welt, eine Welt vollkommener Exzellenz, eine Welt höchster Wunder, die reifste Frucht in Gottes Garten, der Hauptgedanke des Universums.

Aber warum sollte ich hier sein, o Gott, ich, ein grüner Samen unerfüllter Leidenschaft, ein wütender Sturm, der weder nach Osten noch nach Westen sucht , ein verwirrtes Fragment eines verbrannten Planeten?

Warum bin ich hier, o Gott der verlorenen Seelen, der du unter den Göttern verloren bist?

www.ingramcontent.com/pod-product-compliance
Lightning Source LLC
Chambersburg PA
CBHW051411130726
47987CB00007B/2952